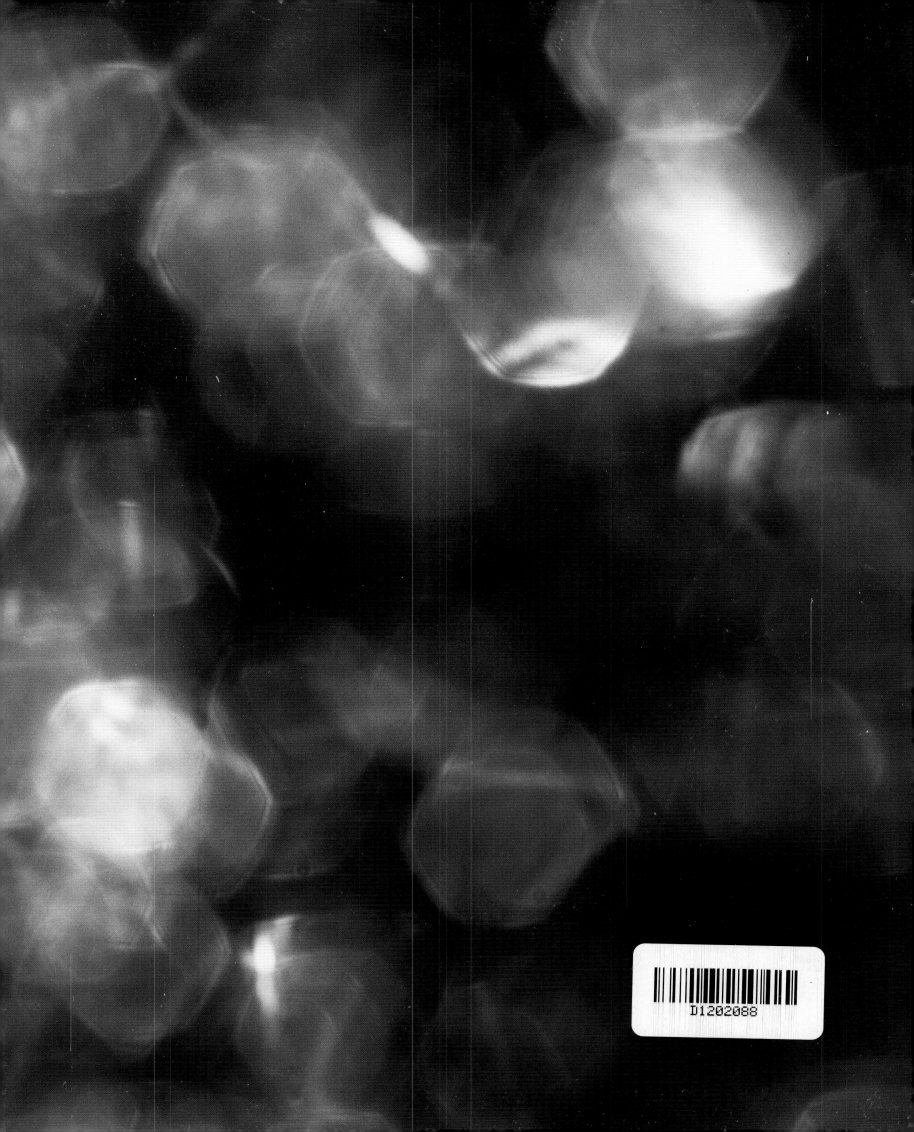

# Les Fêtes d'Ailleurs

## racontées aux enfants d'ici

Mise en page : Lucile Jouret
Photogravure : MCP

© 2006, Éditions Hurtubise HMH ltée
pour l'édition française au Canada
© 2006, Éditions De La Martinière, une marque De La Martinière Groupe, Paris

ISBN : 2-89428-912-X

Dépôt légal: 2$^e$ trimestre 2006
Bibliothèque nationale du Québec
Bibliothèque nationale du Canada

Éditions Hurtubise HMH ltée
1815, avenue De Lorimier
Montréal (Québec) H2K 3W6
Tél. : (514) 523-1523
Téléc. : (514) 523-9969

www.hurtubisehmh.com

# Les Fêtes d'Ailleurs
## racontées aux enfants d'ici

**Photographies :**
**Charles et Josette Lénars**

**Textes :**
**Élisabeth Dumont-Le Cornec**

**Illustrations :**
**Frédéric Malenfer**

HURTUBISE
HMH

# Sommaire

## Raconter la création du monde

## Communiquer

# S'occuper des morts

# Vivre avec les esprits

# Honorer les dieux

# Les fêtes d'ailleurs racontées aux enfants d'ici

*« Photographier une fête, c'est fixer un instant de bonheur sur la pellicule. »*

Voilà pourquoi les photographes Charles et Josette Lénars ont parcouru, depuis des dizaines d'années, cinq des six continents, pour assister à toutes sortes de fêtes. Jusqu'à constituer une collection unique de photos, témoins de traditions parfois menacées de disparition.

Partout dans le monde, les fêtes reflètent les coutumes et les croyances propres à chaque peuple. C'est pourquoi elles revêtent une importance particulière et sont toujours chargées de sens et de solennité. Certaines sont destinées à commémorer la création du monde, comme celles qui accompagnent l'initiation des jeunes en Afrique, ou à honorer les dieux, comme les processions du vendredi saint, qui ont cours dans de nombreux pays chrétiens. D'autres permettent de chasser les morts ou, au contraire, de faire vivre les esprits. C'est le cas, par exemple, de la fête des morts, au cours de laquelle les Mexicains s'occupent de ceux qui les ont quittés en leur préparant toutes sortes de friandises et en organisant des banquets sur leurs tombes ! Beaucoup, enfin, n'ont d'autres buts que de communiquer, ce qui est parfois bien nécessaire, comme en Papouasie-Nouvelle-Guinée, où les habitants utilisent des danses pour se comprendre et échanger, car ils ne parlent pas moins de 700 langues et dialectes différents !

Tout au long de leur carrière de photo-reporters, Charles et Josette ont ainsi ramené des photographies surprenantes, reflet d'instants particulièrement chargés en émotions. Quelle récompense, après le long travail de préparation qui a été le leur, de rencontrer ces gens qui ont passé du temps à se parer pour la fête, comme ces jeunes Tolai au corps peint, en Nouvelle-Bretagne ! Car ce type d'expéditions demande une organisation rigoureuse et n'est souvent envisageable qu'après plusieurs mois. Avant de partir, Charles et Josette lisent beaucoup et apprennent par cœur autant de mots que possible dans la langue du pays, pour se débrouiller sur le terrain. Ensuite, ils étudient les cartes, déterminent le lieu où doit se poser leur avion. Qui n'est parfois qu'un tout petit appareil avec un seul moteur et seulement deux sièges dans le poste de pilotage. Tant pis, Josette s'assied à l'arrière sur une chaise aux pieds sciés, retenue par une corde…

Lors de leurs nombreux voyages, ils se sont ainsi montrés prêts à s'adapter à toutes les situations. Mais aussi à épouser toutes les coutumes : dormir sur des nattes, par terre avec les rats, à Bornéo, ou manger des vers de coléoptères en Papouasie-Nouvelle-Guinée… Tout en conservant, en toutes circonstances, leur sourire et leur calme, afin de ne pas froisser leurs hôtes. Même quand un mille-pattes venimeux géant a jailli brusquement de la sacoche de Charles !

Contempler les photos de Charles et Josette Lénars, c'est parcourir, avec eux, le monde et découvrir la diversité des peuples et des cultures qui cohabitent, encore aujourd'hui, sur notre planète !

**1** 14-15 Les danses initiatiques

**2** 16-17 Les rites de passage

**3** 18-19 La sortie du bois sacré

**4** 20-21 La peinture des corps

**5** 22-23 La danse des guerriers

# Carte des fêtes du monde

**31** 74-75 Les danses du diable

**30** 72-73 Les danses sacrées des lamas

**29** 70-71 L'anniversaire du Bouddha

**28** 68-69 La danse des hommes volants

**27** 66-67 Le chemin de croix

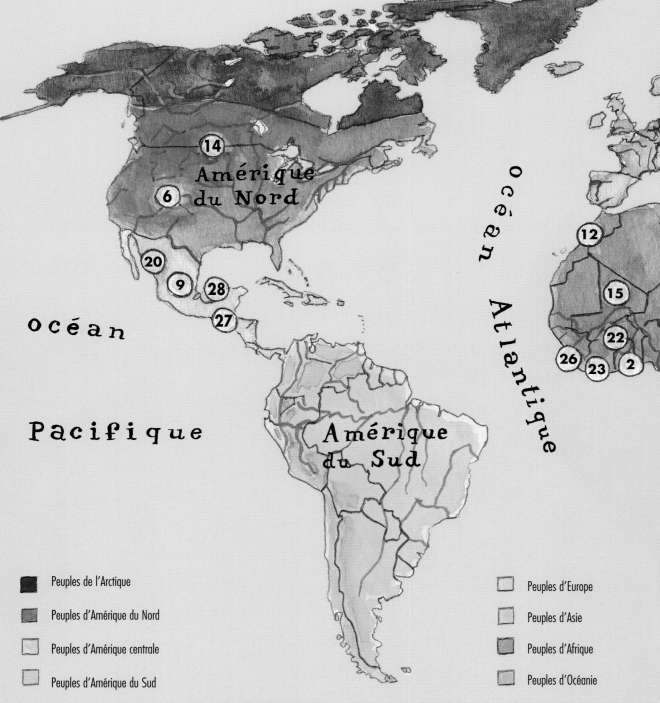

Amérique
du Nord

Océan Atlantique

Océan

Pacifique

Amérique
du Sud

Peuples de l'Arctique

Peuples d'Amérique du Nord

Peuples d'Amérique centrale

Peuples d'Amérique du Sud

Peuples d'Europe

Peuples d'Asie

Peuples d'Afrique

Peuples d'Océanie

**26** 64-65 La légende de l'oiseau-sorcière

**25** 62-63 Le nouvel an chinois

**24** 60-61 Les processions d'offrandes

**23** 58-59 La fête des ignames

**22** 56-57 Les danses agraires

**6** 24-25 Les *pow-wow* indiens

**7** 26-27 Les *sing-sing* des Hautes-Terres

**8** 28-29 La danse de la *kula*

**9** 30-31 Les danses aztèques

**10** 32-33 Les carnavals du monde

**11** 34-35 Le carnaval de Venise

**12** 36-37 La *fantasia*

**13** 38-39 Les courses de bœufs

**14** 40-41 Rodéo

**15** 42-43 La danse des Tourterelles

**16** 44-45 La recherche du poteau *bis*

Asie

Océan Indien

Océanie

frique

pe

**21** 54-55 La fête du calao

**20** 52-53 La fête des morts

**19** 50-51 Brûler les morts

**18** 48-49 Enterrer les défunts

**17** 46-47 La chasse aux têtes

# Les danses initiatiques en Zambie

Ces personnages, vêtus d'un costume de fibres tressées et portant un masque de terre séchée et peinte, représentent les esprits makishi auxquels croit la tribu Luvale, en Zambie. Ils sont chargés d'initier les enfants aux croyances de leur peuple et à leurs responsabilités d'adultes.

En Afrique, la plupart des fêtes sont rituelles parce qu'elles se répètent avec les mêmes danses et chants pour raconter les mêmes légendes. Ici, en effet, il n'existe pas de livres d'histoire ni de textes sacrés : ce sont des sociétés de tradition orale, où tout se transmet par la parole et par le geste. Le récit des origines des différents peuples est donc mimé, au cours de ces fêtes, par les anciens du village dissimulés sous d'étranges accoutrements.

Ce n'est qu'au moment de leur initiation que les enfants apprennent le sens caché de ces fêtes rituelles, et découvrent la dimension symbolique des costumes qui représentent les figures des divinités et des esprits qui peuplent ces légendes.

L'initiation peut durer quelques mois répartis sur plusieurs années, et représente un rite de passage obligé pour les garçons et les filles, initiés séparément.

Lors de leur initiation, les enfants sont séparés de leur famille pour vivre, à l'écart du village, avec les anciens, qui leur dévoilent les croyances et les règles sociales de la communauté, l'histoire et les lois de leur peuple. Ils apprennent aussi à maîtriser leurs peurs, à travers toute une série d'épreuves, qui vont du bain glacé aux tatouages et scarifications (incision superficielle de la peau), et marquent la mort symbolique de l'enfant et la naissance de l'adulte.

La fin de l'initiation donne lieu à une grande fête qui célèbre le changement de statut des enfants, désormais considérés comme des hommes et des femmes responsables.

Les masques sont toujours repeints avec soin avant la fête.

# Les rites de passage en Afrique

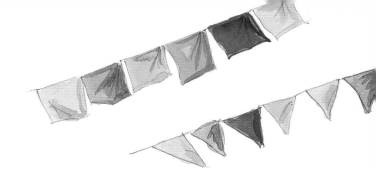

En Côte d'Ivoire, les jeunes filles yacouba sortent de leur initiation en dansant devant leurs mères et leur initiatrice, reconnaissable à son maquillage blanc. Elles arborent toutes une coiffe rayée, qui symbolise leur accession au monde adulte des femmes.

La création du monde telle qu'elle est racontée en Afrique au cours des rites initiatiques donne l'occasion de parler d'éducation sexuelle aux enfants en évoquant la naissance du premier homme. C'est à ce moment-là que sont pratiquées la circoncision des garçons et l'excision des filles, aujourd'hui remise en cause.

Selon une légende des Dogon du Mali, le dieu unique Amma engendra le soleil et les astres, puis façonna la terre à partir d'une boule de glaise. Cette terre était une femme, avec un sexe caché, comme une fourmilière, et un clitoris (petit organe situé à l'avant du sexe féminin) saillant comme une termitière. Amma voulut s'unir à elle, mais la termitière se dressa, empêchant toute union. Amma abattit l'obstacle en supprimant le clitoris, et féconda la terre.

C'est donc pour reproduire l'acte du dieu Amma, et parce que cette légende fait croire que le clitoris empêche l'union et l'enfantement, que de jeunes Africaines subissent son ablation au cours de leur initiation. Ce rite s'achève par une danse des jeunes initiées qui sortent de la case où a eu lieu l'excision pour rejoindre leurs mères. Cette fête symbolise l'entrée des jeunes filles dans la communauté des femmes et leur capacité à se marier.

L'excision est une véritable mutilation sexuelle, aujourd'hui interdite ou condamnée, mais encore très ancrée dans les habitudes rituelles parce qu'elle s'enracine dans des croyances religieuses profondes.

Cette jeune fille arbore les peintures rituelles blanches propres à la fête de l'excision.

# La sortie du bois sacré en Nouvelle-Bretagne

Les jeunes gens de la tribu Tolai, en Nouvelle-Bretagne, sortent du bois sacré où ils ont été initiés. Lors de leur initiation ils apprennent la signification des peintures rituelles sur masque et en fabriquent un eux-mêmes. Ceux-là sont en bois, fibres et plumes avec des opercules de grands escargots de mer à la place des yeux.

Pour raconter les légendes sacrées de leur peuple, les sociétés traditionnelles utilisent, au cours de leurs fêtes, des masques. En Afrique, ce mot désigne tout le costume qui cache le visage et le corps. Ces tenues permettent de figurer de manière symbolique les divinités et les esprits, grâce à des formes géométriques ou animales : oiseau ou insecte, par exemple, pour les esprits de l'air, poisson pour ceux de l'eau.

Sitôt peint, le masque incarne un esprit et devient un objet sacré. C'est pourquoi il existe un rituel très strict, lié à son utilisation et à son entretien. Les masques cassés sont brûlés loin des regards et reproduits à l'identique. Les autres sont soigneusement rangés à l'abri des curieux et repeints avant chaque cérémonie. Tout le monde ne peut pas fabriquer un masque et le porter. En Afrique par exemple, il faut appartenir à l'une des sociétés « secrètes », associations responsables de l'organisation des fêtes.

Au cours de leur initiation, les enfants apprennent que les masques ne sont pas de vrais esprits, mais qu'ils sont portés par des hommes. Chez les Tolai de Nouvelle-Bretagne, une île de Papouasie-Nouvelle-Guinée, l'initiation se termine d'ailleurs par la réalisation d'un masque par l'initié, qui vient tout juste d'apprendre la signification des couleurs et des décors des masques.

Une grande fête marque alors la fin de l'initiation des jeunes, fête au cours de laquelle ils sortent du bois sacré en portant le masque qu'ils ont fabriqué : c'est ainsi qu'ils accèdent au statut d'initié !

Avec ses gros yeux cerclés de blanc, ce masque tolai représente les esprits des morts...

# Les *corroboree* chez les Aborigènes en Australie

Au cours de leurs réunions, les Aborigènes des territoires du nord de l'Australie se peignent le visage aux couleurs de la terre pour évoquer la création du monde. C'est au moment de ces fêtes que les anciens enseignent aux plus jeunes l'histoire et les croyances de leur peuple.

Les peintures corporelles peuvent remplacer ou compléter les masques dans l'évocation des récits de création du monde. Certaines sociétés utilisent plutôt le tatouage ou le maquillage et ne portent jamais de masque.

Les plus anciens habitants de l'Australie, les Aborigènes, croient qu'à l'origine du monde les grands ancêtres ont dessiné la carte du pays, avant de créer la nature, les animaux, les danses et les rites d'initiation. C'est cette création du monde qu'ils appellent le Temps du rêve et qu'ils continuent de raconter lors de grandes fêtes : les *corroboree*.

Toute la vie des Aborigènes tourne autour du sacré et se déroule selon un cycle lié aux saisons et à leur environnement. Ce cycle s'achève par une fête de plusieurs jours, durant laquelle hommes et femmes s'associent pour décorer le lieu réservé aux danses, fabriquer les objets de culte, et couvrir leurs corps de peintures rituelles compliquées faites d'ocre et de duvet. Les motifs dessinés racontent le Temps du rêve : les formes géométriques évoquent l'univers cosmique, tandis que les figures humaines ou animales représentent les grands ancêtres.

Les croyances liées à ces symboles tracés sur la peau ou sur le sol sont dévoilées aux adolescents au cours de ces fêtes qui leur servent d'initiation. Après avoir été longtemps spectateur, puis simple assistant, le jeune initié sera enfin jugé prêt à devenir acteur, à son tour, du rituel sacré, puis à le transmettre.

Le didjeridoo, taillé dans une branche d'eucalyptus, scande les danses sacrées.

# La danse des guerriers de Nias en Indonésie

Les habitants de l'île de Nias, au large de Sumatra, en Indonésie, exécutent encore au cours de leurs fêtes une ancienne danse guerrière d'intimidation, comme ici, lors de la visite du gouverneur. Mais ils ont troqué leurs armures de métal pour des costumes en fibres de cocotier.

Toutes les fêtes rituelles ne sont pas liées aux rites d'initiation. Certaines sont là pour permettre à la communauté de se réunir autour du récit de la création du monde. Cela rappelle aux hommes d'où ils viennent et leur permet de se souvenir de leurs croyances et de leur histoire commune.

Plusieurs légendes racontent que de violents combats opposèrent les défenseurs du bien et les partisans du mal, qui voulaient chacun régner sur la terre et dominer l'homme. Ainsi, par exemple, les habitants de l'île de Nias, au nord de Sumatra, croient que leurs divinités se sont fait la guerre pour obtenir le pouvoir. Ils commémorent donc cette guerre mythologique au cours de leurs cérémonies rituelles, en exécutant des danses guerrières qui racontent la victoire du bien sur le mal.

Au-delà de la légende, ces simulacres de combat sont aussi une occasion, pour les hommes, de montrer leur bravoure de guerrier, sans attendre une vraie bataille. En effet, les danseurs ressemblent plutôt à des soldats lançant un assaut : portant casque, armure et bouclier, ils brandissent leur lance ou leur sabre contre des ennemis imaginaires !

Victoire garantie avec ce masque surmonté d'un calao destiné à faire peur !

# Les *pow-wow* indiens en Amérique du Nord

Les Indiens d'Amérique du Nord se retrouvent à l'occasion de *pow-wow*, pour préserver leurs traditions et commémorer les récits de création du monde propres à leur culture. La danse en cercle du coq de prairie, représentée ici, célèbre le renouveau de la saison de la chasse et de l'agriculture.

P our certains peuples dispersés de par le monde, il est indispensable de transmettre aux nouvelles générations leur histoire et leurs croyances. Continuer à se réunir pour jouer leur musique traditionnelle et danser leur permet de préserver leur identité qui risquerait sinon de disparaître.

C'est ainsi que les Indiens d'Amérique du Nord se retrouvent au cours de manifestations intertribales, les *pow-wow*. Autrefois rassemblements guerriers rituels destinés à célébrer les exploits des Indiens des plaines, les *pow-wow* sont devenus aujourd'hui des fêtes culturelles qui attirent toutes les tribus d'Amérindiens. Au-delà du spectacle, la musique, les costumes et les danses ont une valeur spirituelle : ils célèbrent les esprits de la nature auxquels croient les Amérindiens.

Les *pow-wow* se déroulent aussi bien sur les terres des réserves indiennes aux États-Unis que dans les villes, où vivent aujourd'hui beaucoup d'Indiens. Ceux-ci ont d'ailleurs su adapter les technologies modernes à leurs fêtes, en utilisant des micros et des batteries. Pourtant, quand les tambours sacrés résonnent, tout le monde s'interrompt pour écouter l'histoire qu'ils racontent et qui est celle de l'origine de leur peuple.

Le tambour permet aux Indiens de communiquer avec les esprits.

# Le *sing-sing* des Hautes Terres

En souvenir d'une légende selon laquelle ils auraient fait fuir leurs ennemis en sortant du lit d'une rivière couverts de boue, les « hommes de boue » de la vallée de l'Asaro, en Papouasie-Nouvelle-Guinée, se couvrent le corps et le visage d'argile blanche pour intimider les autres tribus.

Faire la fête, c'est d'abord se rassembler. D'une façon spontanée ou, le plus souvent, de manière organisée. La fête est un merveilleux outil de communication entre les hommes parce qu'elle offre un large choix dans le mode d'expression. La danse, la parure, le maquillage, la musique, le chant, les cris, les applaudissements, par exemple, aident à se comprendre même sans parler la même langue. La fête facilite aussi les échanges d'idées et de savoir-faire, les relations commerciales, les démonstrations de puissance.

Les nombreux peuples de Papouasie-Nouvelle-Guinée, qui parlent 700 langues et dialectes différents, se rencontrent régulièrement au cours des *sing-sing*. Ces assemblées de toutes les tribus des Hautes Terres permettent d'entretenir des liens grâce au langage universel de la parure et de la danse.

Les *sing-sing* sont aussi des compétitions de prestige où chaque tribu fait étalage de sa puissance. Les hommes et les femmes choisissent donc avec soin la couleur de leur maquillage et les éléments de leurs parures. L'utilisation des couleurs répond à un symbolisme précis que toutes les tribus connaissent, même si elles parlent toutes des langues différentes. Ainsi, le jaune et le rouge expriment la séduction, la force, la virilité tandis que le noir évoque la guerre et le blanc, la mort. Chaque tribu défile ensuite sur une chorégraphie soigneusement répétée selon des codes qui sont connus de tous.

Remarquez la beauté de cette coiffe de danseur Huli avec plumes de paradisiers !

# La danse de la *kula* des îles Trobriand en Mélanés

Dans les îles Trobriand, en Mélanésie, les jeunes gens profitent de la fête, qui célèbre la fin des récoltes, pour se parer, revêtir des pagnes et des colliers de fleurs et exécuter des danses séductrices, à l'intention des jeunes filles.

Les fêtes favorisent les échanges de toutes natures entre les peuples qu'elles rassemblent. Certaines danses célèbrent depuis toujours l'esprit de communauté qui règne entre des peuples proches.

Il existe ainsi, dans les îles de Mélanésie, une fête visant à maintenir d'anciennes traditions de réjouissances liées au troc, aujourd'hui associée aux périodes de récolte. À l'origine, cette fête était associée à la *kula*, une expédition destinée à entretenir de bonnes relations de voisinage entre les habitants des îles Trobriand et ceux des autres îles de l'archipel mélanésien.

La *kula* donne lieu à des expéditions en pirogue préparées avec soin. Elle repose sur un troc de coquillages. Les participants s'offrent en effet des colliers de coquillages pourpres fabriqués dans les îles du Pacifique Sud et des bracelets de coquillages blancs créés dans les îles Trobriand. Plus on porte de colliers ou de bracelets, plus on est respecté. C'est donc à celui qui s'en fera offrir le plus !

Ces fêtes sont ainsi l'occasion d'éprouver son pouvoir de séduction. Les jeunes hommes et les jeunes filles, par exemple, au corps couvert d'huile de coco et de pollen, cherchent à se séduire mutuellement au cours de danses sensuelles qui se succèdent pendant plusieurs jours.

Collier de coquillages rouges et bracelet de coquillages blancs en cadeau d'estime.

# Les danses aztèques du Mexique

Vêtu du costume aztèque traditionnel, cet Indien du Mexique vient rendre hommage à la Vierge métissée de Guadalupe, qui, peu après l'arrivée des conquistadors sur leur terre, a indiqué aux Indiens qu'ils devaient croire au dieu chrétien. Au cours de ce pèlerinage, les rites précolombiens se mêlent aux cérémonies chrétiennes.

Certains rassemblements festifs sont destinés à commémorer un événement important du passé. Ces célébrations réunissent en un même lieu des hommes d'origine variée autour d'une croyance ou d'une histoire commune. Lors des fêtes qui leur sont associées, les échanges se font donc facilement car tous les participants partagent la même mémoire, ce qui favorise le mélange des cultures et la diversité des coutumes.

Ainsi chaque année, à Mexico, le 12 décembre, une foule colorée se presse dans l'église Notre-Dame-de-Guadalupe, dédiée à la sainte patronne du Mexique. Ce jour-là, en l'an 1531, une Vierge Marie métissée est apparue à un Indien sur la colline où résidait, selon la religion aztèque, la déesse de la terre, mère de leurs dieux. Les Indiens ont vu dans cette apparition un signe pour se convertir au catholicisme, qui était la religion des Espagnols tout juste arrivés sur leurs terres.

La basilique Notre-Dame-de-Guadalupe est encore aujourd'hui un lieu de pèlerinage réputé et les Mexicains viennent de très loin pour y fêter le 12 décembre. Pèlerins d'origine indienne et espagnole célèbrent, chacun à sa manière, le même événement en exécutant, pour certains, les ballets de la *Conquista*, qui retracent la conquête du Mexique, pour d'autres, des danses aztèques qui évoquent la grandeur d'une civilisation disparue.

Enfant indien en costume aztèque.

# Les carnavals du monde

Grande fête païenne qui précède le carême chrétien, le carnaval existe dans de très nombreux pays et se caractérise par ses déguisements farfelus, drôles, ou provocants. Les participants défilent dans les rues de leur ville au son des orchestres et sous les applaudissements de la foule.

De tout temps, les hommes ont éprouvé le besoin de se rassembler pour oublier le quotidien et se défouler. Dans l'Antiquité, il existait déjà des fêtes où tout était permis.

Dédiées aux dieux de la végétation, en Grèce et à Rome, elles avaient lieu au cœur de l'hiver, au moment où l'on redoutait de voir cette saison s'éterniser. Elles célébraient la fin des privations et le renouveau attendu d'une nature fertile et généreuse. On avait pris l'habitude d'y faire des excès de nourriture et de s'y comporter avec une grande liberté. Les femmes sortaient dans les rues les cheveux détachés, ce qui ne se faisait plus après le mariage, les maîtres servaient leurs esclaves, beaucoup de monde se déguisait…

Au Moyen Âge, le carnaval chrétien remplaça ces célébration païennes hivernales. Le carnaval devint une grande fête de défoulement entre l'austérité de l'hiver et le carême, période de jeûne et de privations imposée par le calendrier chrétien. D'ailleurs, le mot d'origine latine « carnaval » signifie « enlever la viande », car il était interdit par l'Église de manger de la viande pendant le carême.

Aujourd'hui encore, le carnaval offre une occasion de se défouler même si le temps de privations du carême est moins respecté par les chrétiens. Au Brésil, les écoles de samba défilent en tenues pailletées dans les rues de Rio de Janeiro au son des orchestres de trompettes, tandis qu'en Suisse, les gens s'amusent en se déguisant en animaux, clowns ou personnages grotesques.

Danses en l'honneur de la nature sur un vase antique.

# Le carnaval de Venise en Italie

À Venise, en février, le carnaval fait la joie des touristes car tous les habitants de la ville sortent déguisés pendant une semaine. Les costumes et les masques permettent de ne pas être reconnu et font tomber les barrières qui peuvent exister entre les gens.

Souvent, la fête réussit à faire tomber les barrières sociales. Grâce à la présence d'accessoires, de parures et de masques, elle permet à chacun de se comporter comme il le veut : sous un déguisement, chacun ose dire ou faire ce qu'il ne se permet pas d'habitude. Les échanges sont donc plus faciles car des hommes qui, d'ordinaire, ne se parleraient pas, peuvent, à cette occasion, se rencontrer.

Le carnaval est un parfait exemple de cette chute des barrières sociales. Aujourd'hui encore, c'est une période où tout le monde se déguise. Ainsi camouflé, chacun se métamorphose en un autre : le pauvre en riche, l'adulte en enfant, l'homme en femme, la femme en cygne, etc. Dans cette fête, tout est jeu et apparence. Ceux qui souhaitent conserver leur mystère se saluent de la tête sans prononcer un mot pour ne pas être reconnus au son de leur voix.

À Venise, le carnaval attire de nombreux touristes. Pendant dix jours, la fête l'emporte sur la réalité et la ville entière se transforme en scène de théâtre. Toute la population sort déguisée, empruntant ses costumes au théâtre populaire du XVIIIe siècle quand des troupes d'acteurs masqués racontaient des histoires simples, qui mêlaient humour et sentiments. Les héros de cette *commedia dell'arte* sont des valets qui se nomment Arlequin, Pierrot, Scaramouche ou Polichinelle. Tantôt amoureux, tantôt pleurnichards, ils sont facilement traîtres, souvent envieux… pleins de défauts plus faciles à assumer sous un masque !

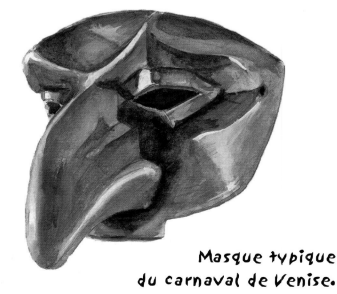

Masque typique
du carnaval de Venise.

# La *fantasia* au Maroc

Cette grande *fantasia* réunit à Rabat, au Maroc, des représentants de toutes les tribus du pays en l'honneur de l'anniversaire du roi. Les cavaliers berbères de l'Atlas profitent de l'occasion pour faire étalage de leur puissance et de leur prestige.

Les fêtes peuvent aussi comporter une dimension plus « politique ». En Afrique du Nord et au Proche-Orient, à une époque encore récente où les combats entre tribus étaient fréquents, il était indispensable d'étaler sa puissance aux yeux de tous pour se faire respecter et tenir à distance les tribus ennemies.

Aujourd'hui, les Berbères et les Arabes continuent d'estimer la puissance de leurs alliés et de leurs rivaux au cours des *fantasia*. Ces démonstrations de force se déroulent souvent pendant les fêtes religieuses qui réunissent plusieurs tribus dans un même lieu. Elles illustrent à quel point l'union fait la force, car c'est à cette occasion que se nouent les alliances politiques et militaires entre tribus et qu'éclatent parfois les rivalités qui conduisent aux conflits armés.

La *fantasia* a conservé l'apparence de l'attaque fulgurante que pratiquaient les tribus berbères et arabes lorsqu'elles s'affrontaient au XIXe siècle.

Elle se déroule suivant une mise en scène rituelle : tous les membres d'une même tribu galopent ensemble en déchargeant leur fusil à poudre en l'air et stoppent net devant les spectateurs. Ce sont les autres tribus, les chefs officiels ou les spectateurs qui jugeront du prestige de la tribu selon des critères établis : chevaux bien dressés, harnachements luxueux, fusils précieux, groupe bien structuré, cavaliers audacieux, etc.

La richesse d'une tribu se voit aussi dans le harnachement de ses chevaux.

# Les courses de bœufs en Indonésie

Au cours des courses de bœufs qui se déroulent chaque année sur l'île de Madura, au large de Java, en Indonésie, le conducteur doit se maintenir en équilibre sur une charrue attelée. Il faut faire preuve de beaucoup d'adresse pour remporter la course.

Les fêtes nées d'un besoin d'impressionner revêtent différentes formes. Elles mettent en scène non seulement des groupes, mais aussi des individus désireux de se mesurer à des adversaires pour prouver leur valeur personnelle. C'est le cas des compétitions sportives, qui remportent un vif succès auprès d'un public impatient de parier son argent sur l'un des candidats.

La communication se joue alors à deux niveaux : d'une part, sur le terrain, entre les concurrents qui cherchent à gagner la course, d'autre part avec les spectateurs qui les encouragent.

En Indonésie, l'île de Madura s'est spécialisée dans la course de bœufs attelés. Cette course, nommée *Karapan Sapi*, est née d'un défi lancé un jour par un laboureur à son voisin. L'épreuve se déroula dans un champ. Le vainqueur fut celui dont l'attelage eut fini de labourer ce lopin de terre le premier.

De grandes fêtes populaires ont ainsi vu le jour, qui attirent, à la fin des moissons, une foule impatiente de parier de l'argent sur les concurrents. L'épreuve se déroule sur plusieurs mois : chaque semaine ont lieu des courses éliminatoires jusqu'à la finale, qui a lieu au mois d'août à Pamekasan, sur l'île de Madura.

Les animaux appartiennent à des élevages réputés, apparus sur l'île pour fournir des bêtes rapides capables de gagner ces courses. Ce sont ces bœufs qui ont fait la fortune des éleveurs de l'île.

*Les bœufs servent aussi de bêtes de trait pour labourer les champs des paysans...*

# Le rodéo aux États-Unis

Les rodéos sont parmi les fêtes les plus populaires aux États-Unis. Les cow-boys peuvent se mesurer aux animaux sauvages et comparer leurs talents. Pour être qualifié, il faut tenir huit secondes sur le dos d'un taureau furieux, comme ici en Arizona, ce qui relève souvent de l'exploit !

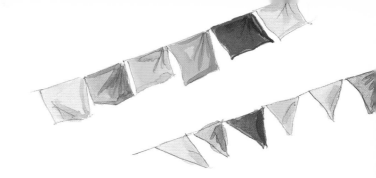

Pour prouver leur valeur et leur supériorité, les hommes peuvent aussi se mesurer, chacun leur tour, à des animaux. Les jeux du cirque, dans la Rome antique, mettaient déjà en scène des lions et des tigres face à des gladiateurs casqués et armés. Aujourd'hui, ce sont des chevaux, taureaux et bisons sauvages que l'homme affronte à mains nues au cours de rodéos festifs.

Grande fête des régions du Middle West et du sud-ouest des États-Unis, le rodéo trouve ses racines dans l'élevage du bétail. Le métier de cow-boy exige de savoir bien monter à cheval et bien manier son lasso sans mettre pied à terre. L'idée est donc venue aux cow-boys de se mesurer entre eux au cours de rodéos qui se succèdent de juillet à septembre.

Comme toutes les fêtes organisées, ces rodéos obéissent à des règles très strictes concernant la sécurité, la tenue des cow-boys et leurs accessoires, ainsi que le déroulement des épreuves qui vont de la monte d'un cheval sauvage avec selle à la monte d'un taureau sans selle. Cette mise en scène transforme ce face à face entre l'homme et l'animal en une fête très appréciée du public avide de sensations fortes.

Le marquage des veaux fait partie du dur métier de cow-boy.

# La danse des Tourterelles chez les Dogon au Mali

Surnommés « les Tourterelles », ces danseurs sur échasses participent aux cérémonies que les Dogon du Mali emploient pour chasser les morts du monde des vivants. Par leurs danses, ils entraînent les morts hors du village, au pays des ancêtres.

Les morts ont souvent du mal à se détacher des vivants et leur mènent parfois la vie dure ! En effet, les âmes des morts détestent la solitude et risquent d'entraîner avec elles les vivants dans la mort. Il est donc indispensable de les chasser pour pouvoir vivre tranquille.

Au Mali, les Dogon organisent quatre cérémonies funéraires pour que les morts rejoignent enfin le monde des ancêtres. Après le décès, l'enterrement se fait rapidement, pour éloigner le cadavre considéré comme contagieux. Six mois plus tard, le temps de préparer la fête et de fabriquer les accessoires, on célèbre les funérailles. Puis, au cours du *Dama*, qui a lieu tous les trois ou quatre ans, le village entier clôture la période de deuil qui pèse sur la famille du mort et fête le départ de son âme. Et, tous les soixante ans, la fête du *Sigui* mobilise plusieurs villages pour expulser définitivement les âmes errantes des morts.

À cette occasion, les Dogon portent des costumes de fibres et tissus colorés et des masques chargés d'une force surnaturelle capable de tenir les mauvais esprits à distance. On trouve, par exemple, le lièvre aux grandes oreilles, l'antilope avec ses cornes ou la jeune fille parée de coquillages.

Certains, montés sur échasses, se lancent dans un ballet acrobatique qui raconte la vie de l'homme, l'amour, le travail et le combat. La farandole ainsi formée entraîne les morts au rythme des tambours et des chants vers le monde surnaturel où ils devront demeurer.

*Le petit singe perché sur ce masque adore faire des farces au public !*

# À la recherche du poteau *bis* en Indonésie

Debout sur leurs pirogues, en tenue de guerriers, les Asmat de la région d'Irian Jaya, en Nouvelle-Guinée, rapportent au village le tronc de palétuvier qui servira à sculpter un totem, en l'honneur d'un défunt. En le plantant, les Asmat pensent aider le mort à devenir un ancêtre.

De nombreux peuples en Océanie pensent que les morts dérangent les vivants tant qu'ils n'ont pas été vengés, surtout s'ils ont connu une mort violente. C'est pourquoi les Asmat organisaient autrefois des chasses aux têtes pour apaiser leurs morts en leur offrant un sacrifice humain. À cette occasion, les hommes partaient en expédition chercher une victime dans une autre tribu et lui coupaient la tête. Mais la chasse aux têtes fut interdite par le gouvernement indonésien en 1957.

Aujourd'hui, les Asmat ne font plus de victimes, mais ils pratiquent toujours les autres rituels liés à cette fête, parmi lesquels la sculpture d'un poteau d'ancêtre nommé *bis*. Cette cérémonie, qui avait lieu avant le combat, est encore très impressionnante car les participants se peignent le corps et le visage selon la tradition guerrière.

Le rituel du *bis* débute par la coupe de l'arbre. Les hommes du village remontent la rivière en pirogues pour y chercher un palétuvier. Cet arbre pousse dans l'eau de la côte et de l'arrière-pays marécageux où vivent les Asmat, mais ses racines apparaissent à l'air libre, ce qui en a fait un symbole entre mer, terre et ciel, et donc entre le monde des morts et celui des vivants.

Une fois coupé, le palétuvier incarne aussitôt le mort. On l'entoure de palmes pour former un pagne autour du tronc et on enlève son écorce. Puis on le rapporte en pirogue jusqu'au village, où il est finement sculpté sous forme de totem à l'effigie du mort.

À la fin de cette cérémonie, le poteau est planté hors du village où il pourrira tandis que le mort, enfin apaisé par ce rituel, laissera les vivants tranquilles.

Bientôt cet artiste aura terminé de sculpter ce poteau qui incarnera alors l'esprit du mort auquel il est dédié.

# La chasse aux têtes chez les Dayak de Bornéo

Pour devenir des hommes, les jeunes Dayak de l'île de Bornéo devaient autrefois rapporter la tête d'une victime choisie dans une autre tribu. Celle-ci devenait un porte bonheur. Certaines fêtes ont conservé des danses avec des sabres et des mines de chasse aux têtes.

La chasse aux têtes est une coutume qui existait chez de nombreux peuples dans le monde. Encore aujourd'hui, certains pensent que conserver un crâne d'ancêtre constitue un porte-bonheur efficace. Ces chasses aux têtes étaient souvent organisées pour venger un mort, afin de l'apaiser, ce qui donnait lieu à des conflits sans fin entre les tribus.

Mais c'était aussi le meilleur moyen de prouver sa puissance et sa virilité. Chez les Dayak de Bornéo, tuer un homme faisait d'ailleurs partie des épreuves rituelles imposées aux jeunes initiés pour devenir des adultes à part entière dignes d'intégrer la communauté masculine de leur village. Les têtes coupées étaient exhibées au cours d'une cérémonie rituelle. Le plus souvent, on leur perçait le crâne pour en extraire la cervelle que l'on mangeait, parce qu'elle représentait une source de vie. Le crâne était ensuite nettoyé et décoré. Certaines tribus gravaient le crâne de symboles rituels qui les transformaient en objets fétiches. D'autres tribus, en Océanie, peignaient le crâne avec de la cendre, de l'ocre et de la craie, remplissaient le nez de résine et les orbites de baies rouges ou de coquillages. C'est le cas des Dayak qui les conservaient dans des filets suspendus dans leurs maisons au-dessus de leurs têtes.

Aujourd'hui, des chasses aux cochons sauvages ont remplacé les chasses aux têtes, mais certains ont conservé, suspendus chez eux, les crânes de leurs ennemis.

La chasse aux têtes a été remplacée de nos jours par la chasse aux cochons sauvages !

# L'inhumation dans les îles Célèbes

Les Toraja des îles Célèbes, enterrent leurs morts après un long rituel qui commence par des sacrifices de buffles, se poursuit par l'inhumation du cercueil dans une falaise et se termine par le dépôt d'une statue à l'effigie du mort sur un balcon à l'écart du village.

La mort d'un proche est toujours un moment difficile pour les vivants, qui cherchent le réconfort dans leurs croyances et les rites qui s'y rattachent.

Aux Célèbes, les Toraja pensent que le souffle d'un mort continue à s'échapper pendant longtemps de son corps. Le défunt n'est considéré comme réellement mort qu'à la fin de ses funérailles, qui peuvent durer de quelques jours à plusieurs mois pour un noble.

Pour l'aider à mourir, la famille commence par traiter le défunt comme un malade : elle le lave, l'habille, l'assied et vit avec lui dans la maison, parfois plusieurs semaines. Pour un noble, on sculpte en même temps une statue de bois à son image. Ce mannequin, richement vêtu, est désormais considéré comme le double du mort qui abrite son âme, et sera associé à la cérémonie des funérailles.

Ce jour-là, chaque participant apporte un cadeau à la famille : buffle, cochon ou bière de palmier transportée dans des tiges de bambou vert. Ces cadeaux serviront à nourrir les nombreux invités qui assistent aux danses et aux combats de buffles. Cet animal est considéré comme l'ancêtre des hommes et c'est sur son dos que l'âme du mort peut accéder au ciel. C'est donc un buffle qui est égorgé en premier lors des sacrifices destinés à honorer le mort.

La fête s'achève lorsque le cercueil est porté jusqu'à la sépulture familiale creusée dans une falaise. La statue de bois rejoint alors les autres effigies sur un balcon construit dans le flanc de la falaise. Le mort est définitivement mort !

Ces femmes transportent la bière de palmier dans les tiges de bambou vert coupées.

# La crémation à Bali

À Bali, les hindouistes préfèrent brûler le corps des morts pour aider leur âme à s'échapper. Une tour transporte le défunt jusqu'au bûcher où il est placé dans un sarcophage en forme d'animal, un éléphant par exemple, auquel on met le feu.

À Bali, toutes les occasions sont bonnes pour faire la fête… même la mort ! Ici, on préfère brûler les défunts pour aider leur âme à quitter leur corps. L'âme libre peut alors se réincarner, revivre dans un nouveau corps. Mais la cérémonie de crémation coûte cher et nécessite une importante préparation. Voilà pourquoi les familles enterrent d'abord leurs morts au cimetière en attendant une crémation collective.

Le corps, déterré parfois des mois ou des années plus tard, est alors enveloppé dans un drap blanc et placé au centre d'une très haute tour qui symbolise les différents étages du cosmos, de la terre jusqu'au ciel. Cette tour, construite en bambou, est totalement recouverte de décorations en papier, coton et fil de toutes les couleurs. Elle est portée jusqu'au champ de crémation par la foule qui hurle et fait exprès de zigzaguer sur le chemin pour semer les âmes malfaisantes qui pourraient déranger celle du mort.

À l'arrivée, on descend le corps de la tour pour le mettre dans son cercueil. Celui-ci est fabriqué en forme d'animal en fonction de la caste (ou rang social) du mort : un buffle blanc pour un prêtre, un taureau noir pour un guerrier, un dragon pour un propriétaire, etc.

À la fin de la cérémonie, on recueille les cendres du mort pour les jeter dans un fleuve ou dans la mer aux eaux purificatrices.

Sur la tour funéraire, on peut apercevoir le portrait du mort.

# La fête des morts au Mexique

Voyez ces joyeux squelettes en sucre ou en terre cuite peinte que les Mexicains de la région du lac de Patzcuaro fabriquent pour décorer leurs maisons le jour de la fête des morts !

Il est d'autant plus important d'assurer le bien-être des morts que l'on pense qu'ils peuvent revenir sur terre sous la forme d'esprits. C'est pourquoi les cérémonies liées aux morts sont nécessaires et ne s'achèvent pas avec leur enterrement. Certains esprits aiment revenir quand ils sont invités.

Les Mexicains sont chrétiens et croient que les morts ressusciteront, mais ils ont conservé des traditions liées à leurs croyances indiennes. La fête des morts en fait partie. Les Mexicains pensent que, le 1er novembre, les esprits des défunts reviennent chez eux les saluer. Aussi leur préparent-ils un festin avec leurs plats préférés, des fleurs et des sucreries en forme de tête de mort.

Chaque offrande présente un double symbolisme : l'un liée à la religion chrétienne, l'autre aux croyances traditionnelles. Ainsi l'eau rappelle le baptême chrétien, mais permet aussi aux morts de se désaltérer. Le sel, déposé dans des coupelles, est un symbole catholique de sagesse et de vie, et servait, rituellement, à l'embaumement du corps. Enfin, on allume des cierges, pour marquer la présence de Dieu, mais aussi pour éclairer le chemin depuis le cimetière afin que les morts ne se perdent pas !

Pendant que leurs esprits invisibles se régalent dans les maisons, tout le monde sort, déguisé en monstre ou en squelette pour tourner la mort en dérision. Et, le lendemain, les familles se retrouvent au cimetière pour un joyeux repas sur les tombes. Faire la fête peut aussi être un moyen de rire de la mort !

Ce squelette en papier mâché a l'air de bien s'amuser !

# La fête du calao au Kalimantan

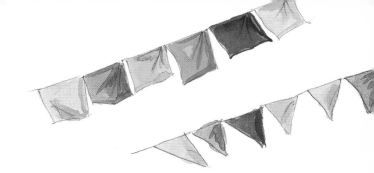

Au cours de la fête du calao, les Keniah de l'île de Bornéo rendent un culte à cet oiseau considéré comme le messager des ancêtres. Les instruments de musique, comme ce xylophone, évoquent par leur dessin stylisé cet oiseau au bec étrange.

Selon certaines croyances traditionnelles, à la fin des cérémonies funéraires, les morts rejoignent le monde des ancêtres, qui réunit tous les défunts de la communauté. Ces ancêtres se manifestent sous forme d'esprits pour servir d'intermédiaires entre les vivants et les dieux. Ils sont nombreux puisqu'ils existent depuis la création de l'homme, et très influents car ils peuvent faire le bonheur ou le malheur du village selon l'intérêt qu'on leur accorde.

Afin de vivre en bons termes avec eux et de s'attirer leur protection, les hommes leur dédient des fêtes, des offrandes, des sacrifices, des prières, en faisant attention de respecter toujours certaines règles transmises de génération en génération.

Dans ces religions, les esprits sont souvent associés à la nature et aux animaux. Chez les Keniah de Bornéo, c'est le calao, un oiseau à l'étrange bec orange surmonté d'une corne, qui est considéré comme le messager du premier ancêtre.

À l'occasion de la fête du calao, les hommes sculptent un oiseau très stylisé au bec délicatement recourbé et prolongé par une spirale. L'effigie est décorée juste avant la fête car on considère que les esprits habitent les statues une fois que celles-ci sont peintes. Ce calao est ensuite porté en procession et abreuvé d'alcool de riz pour l'amener à la vie. Puis il est balancé de bas en haut pour imiter l'envol d'un oiseau. Les Keniah croient qu'au terme de cette fête, le double invisible de la statue s'envole vers leurs ennemis pour les anéantir.

Le calao de Bornéo est surnommé « rhinocéros » à cause de sa corne au-dessus de son bec jaune.

# Les danses agraires au Burkina Faso

Dans la région de Bobo-Dioulasso, au Burkina Faso, les masques d'animaux sont associés à toutes les fêtes agraires comme le *Nwantantay* qui évoque à la fois le hibou, les insectes et les esprits de l'air.

Si les ancêtres sont mécontents parce qu'on les a oubliés ou maltraités, ils risquent de reporter leur colère sur les hommes. Dans les sociétés traditionnelles, on pense, par exemple, que les esprits contrariés par une faute humaine ont le pouvoir d'empêcher la pluie de tomber. C'est pourquoi les fêtes liées à l'agriculture revêtent une telle importance, car, ici, les fruits et les légumes récoltés constituent la principale ressource nourricière. Certaines fêtes servent donc à purifier le village de ses erreurs pour attirer des esprits bienveillants.

Chaque année, au Burkina Faso, les Bobo créent des masques végétaux, fabriqués à base de feuilles de karité, néré, résinier, de fibres et de plumes blanches. Ils les portent pour chasser le mal du village, en balayant avec eux les rues et les murs. Les feuilles fraîches étant des symboles de fertilité, ces balayages rituels sont réputés apporter aussi la santé aux enfants et la fécondité aux femmes. La fête continue avec un défilé de personnages en costumes de fibres colorées portant des masques de bois à l'effigie d'animaux de la savane, qui dansent afin d'attirer l'eau et la fertilité sur les récoltes.

Ces rituels sont répétés trois jours de suite. Après quoi, on considère que les mauvaises actions qui avaient mécontenté les esprits sont effacées. L'ordre est ainsi rétabli dans la communauté, le lien restauré avec les esprits, et toute menace de famine, sécheresse et maladie, écartée. Les récoltes s'annoncent sous les meilleurs auspices !

Danse du masque aux yeux de hibou.

# La fête des ignames au pays Yacouba

En Côte d'Ivoire, la récolte de l'igname, essentielle dans l'alimentation, donne lieu à plusieurs fêtes annuelles. À cette occasion, les danseurs masqués de la tribu Dan agitent des fouets en fibres naturelles pour chasser les mauvais esprits et attirer la fertilité sur la récolte à venir.

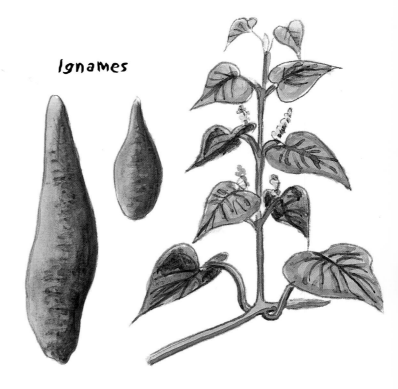

Dans toute l'Afrique occidentale, lorsque les récoltes ont été abondantes, les hommes les mettent à l'abri dans les greniers puis ils font la fête. C'est à la fois une façon de remercier les esprits pour la bonne récolte qui vient de s'achever et de leur demander de faire revenir la pluie à la saison suivante.

Parmi ces cérémonies agraires de fin de récolte, la fête de l'igname constitue un moment important en Afrique de l'Ouest ainsi que dans de nombreuses régions d'Asie et d'Océanie. Partout, la culture de l'igname est vitale parce que ses racines tubéreuses, consommées crues ou cuites, regorgent d'amidon et d'éléments nutritifs. Au Ghana, l'igname constitue le plat de bienvenue, servi aux invités de marque. Au Nigeria, elle fait partie du plat national et sert d'offrande aux dieux.

Sur tout le continent africain, où sa culture donne lieu à plusieurs récoltes, les fêtes se succèdent de février jusqu'en décembre. En Côte d'Ivoire, certains villages consacrent même quatre fêtes annuelles à ce précieux tubercule ! Lors de ces fêtes, les Yacouba exécutent des danses, masqués et vêtus de costumes de fibres naturelles, évoquant la fertilité qu'ils espèrent obtenir à nouveau lors de la récolte suivante.

Ignames

# Les processions d'offrandes à Bali

Beaucoup de fêtes sont organisées pour satisfaire les esprits des morts. À Bali, les habitants défilent en procession avec des offrandes destinées à nourrir les esprits lorsqu'ils viennent sur terre : fruits, poissons cuisinés, gâteaux et riz s'amoncellent ainsi sur des corbeilles portées par les femmes.

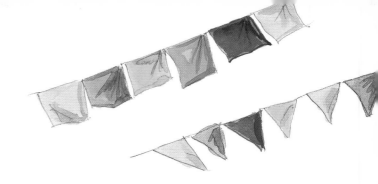

Les hommes imaginent le monde des esprits à l'image du leur, et pensent qu'ils éprouvent les mêmes besoins qu'eux, en particulier matériels. C'est pourquoi ils ont, comme nous, besoin de boire et de manger. Cette idée répandue dans de nombreuses croyances est à l'origine d'offrandes et de sacrifices qui s'accompagnent souvent de fêtes. Les offrandes sont destinées à satisfaire les esprits pour qu'ils ne risquent pas de jouer de mauvais tours aux hommes.

Les Balinais croient que les esprits d'ancêtres viennent séjourner sur terre, une fois par an, pendant la fête du *galunggan,* qui commémore la légendaire victoire des ancêtres sur des envahisseurs qui voulaient les supprimer. Pendant les dix jours que dure la fête, les esprits logent chez leurs descendants qui les accueillent avec faste, dansant et défilant en cortège vers les temples.

À cette occasion, les Balinais fabriquent d'immenses pyramides de fleurs, de fruits et de plats cuisinés, disposés sur des coupes en argent qui sont de véritables œuvres d'art ! Ces offrandes sont ensuite portées en équilibre sur la tête par les femmes, vêtues de couleurs assorties, lors de longues processions. À la fin du défilé, on dépose sur les autels du temple les mets de choix à destination des dieux, et on répand le reste des offrandes sur le sol, pour nourrir et apaiser les esprits.

Après les processions, des offrandes sont lancées dans les eaux purificatrices des fleuves.

# Le nouvel an chinois

Le nouvel an donne partout lieu à des fêtes auxquelles sont associés les esprits bénéfiques. En Chine, ce sont le lion et le dragon qui attirent bonheur et prospérité. Ce lion danse dans les rues, grâce aux deux personnes qui l'animent.

Les esprits ne sont pas tous des êtres bienveillants et il faut parfois savoir s'en protéger. Certains hommes qui ont subi sur terre une mort brutale ou prématurée se sont transformés en esprits malveillants qui importunent les vivants, provoquant parfois des maladies ou des accidents. D'autres n'ont pas reçu tous les honneurs qu'ils souhaitaient après leur mort et continuent de rôder parmi les vivants en cherchant à leur nuire. Pour se protéger de ces esprits malveillants, il faut demander l'aide d'esprits bénéfiques avec lesquels on est en bons termes. C'est en tout cas ce que pensent les Chinois.

Le jour de la fête du nouvel an, ces derniers se déguisent donc en animaux à la réputation bénéfique, lion ou dragon, formant des chenilles ondoyantes de couleurs vives, à dominante rouge, symbole de joie et d'immortalité, et dansent dans les rues pour attirer sur eux la chance.

Animal mythique inconnu en Afrique et en Amérique, le dragon est associé à toutes les fêtes en Chine. Régnant sur l'eau et le vent, il est un être bénéfique qui symbolise la fertilité et l'abondance. Sa présence à côté du lion dans le défilé permet d'éloigner les esprits malfaisants et de garantir le bonheur et la prospérité pour l'année à venir.

Pour chasser ces mauvais esprits, les Chinois ont une autre astuce : ils leur font peur ! Ils brûlaient autrefois des morceaux de bambou qui explosaient, prenant par surprise les esprits, qui s'enfuyaient. Pétards et feux d'artifice ont aujourd'hui remplacé le bambou mais le bruit est toujours de la fête…

Enveloppé de rouge, « l'argent de la chance » est offert comme étrennes aux enfants le jour de l'an.

# La légende de l'oiseau-sorcière en Sierra Leone

Démons et sorcières sont nombreux au pays des ancêtres. Ces deux masques figurent les mauvais diables de l'ethnie Limba de Sierra Leone. L'un est en fibres, tissu et coquillages, et l'autre en peau de mouton et babouin.

De temps en temps, les esprits ne sont pas les représentants des ancêtres ni des dieux ; ils peuvent aussi prendre la forme de sorcières. Une légende africaine raconte que les sorcières ont peur de venir sur terre, parce qu'elles savent que les hommes risquent de les reconnaître et de leur donner la chasse. Lorsqu'elles ont besoin d'une victime, elles préfèrent donc envoyer un messager pour aller le chercher. Ce messager est un oiseau.

Les membres de la tribu Temné, qui vivent au nord de la Sierra Leone, ont eu l'idée de créer la danse de l'oiseau-sorcière. En mimant cette légende avec réalisme, ils placent les sorcières au cœur d'une cérémonie, espérant ainsi entretenir de bonnes relations avec elles.

Pour effectuer cette danse, l'un des initiés de la tribu revêt un déguisement très coloré, composé de tissu, de palmes, de cuir et de fibres végétales. Il disparaît littéralement sous ce costume qui couvre aussi sa tête ; seuls dépassent ses jambes, qui forment les pattes de l'oiseau ! Ainsi vêtu, il s'approprie le caractère surnaturel de l'oiseau-sorcière, et mime le messager qui vient chercher sa victime. Les Temné pensent ainsi éloigner les sorts que les sorcières pourraient leur jeter. Il en est de même pour toutes les danses qui mettent en scène les esprits des ancêtres avec qui les hommes souhaitent rester amis. Ces cérémonies prouvent qu'on ne les oublie pas et permettent d'espérer qu'ils se montreront cléments.

*Ne vous fiez pas aux apparences : ce bel oiseau coloré est le messager des sorcières...*

# Le chemin de croix au Guatemala

Dans tous les pays à forte tradition catholique, le chemin de croix du vendredi saint, qui commémore le calvaire de Jésus, réunit une foule de fidèles. Au Guatemala, les pénitents réservent leur place un an à l'avance pour porter la lourde statue de Jésus courbé sous sa croix.

Parfois les fêtes visent à glorifier les dieux. Pour les vénérer, les implorer, les remercier, s'en approcher, les hommes ont choisi de les placer au centre de certaines célébrations rituelles. Cela peut être aussi une façon de se souvenir de ce qu'ils ont fait pour les hommes, et de mieux les connaître.

Pour les chrétiens, Pâques est la fête principale car elle célèbre la résurrection de Jésus, le fils de Dieu, mort crucifié. Pendant la semaine sainte qui précède Pâques, dans toutes les églises, des cérémonies retracent les derniers jours de la vie de Jésus. Le vendredi saint se déroule le chemin de croix. Ce jour-là, une procession recueillie fait revivre le supplice de Jésus en quatorze étapes ponctuées par la lecture des Évangiles.

Au Guatemala, par exemple, chaque année on commémore la mort de Jésus, au cours de gigantesques processions qui rappellent celles de Séville, en Espagne. Vêtus de longues robes violettes à capuche, des hommes portent tout au long du chemin la statue de Jésus courbé sous sa croix. On les appelle les « pénitents » : ils appartiennent à des confréries qui regroupent des volontaires chargés de l'entretien des églises et de l'organisation des fêtes.

Les fidèles ont passé des heures à dessiner au pochoir sur le sol des tapis de fleurs et de sciure de bois colorée. Ces décors, qui s'étalent sur plusieurs dizaines de mètres dans toutes les rues, s'effacent au fur et à mesure que le cortège les piétine.

Des tapis de fleurs et de sciure décorent les rues de motifs colorés en l'honneur de Jésus.

# La danse des *voladores* au Mexique

La danse des *voladores*, née d'un ancien rituel, est effectuée par les Indiens totonaques à Papantla, au Mexique, pour implorer la clémence des dieux. Quatre hommes, arrimés par une corde attachée à la ceinture, se jettent dans le vide jusqu'à toucher le sol, tandis qu'un autre, au sommet du poteau duquel ils se sont jetés, joue de la flûte.

Parfois, les fêtes ne suffisent pas à obtenir l'intervention divine que l'on attendait. Aussi, certains hommes ont-ils eu l'idée de se sacrifier eux-mêmes pour implorer les dieux. Des fêtes sont ainsi nées pour commémorer ces actes de désespoir et, comme eux, elles ont conservé un aspect dangereux.

Une légende totonaque de l'Amérique préhispanique raconte comment, lors d'une dramatique sécheresse, des hommes se jetèrent dans le vide, espérant que leur sacrifice inciterait les dieux à faire venir la pluie. De ce geste est né un rituel destiné au dieu de la fertilité.

La fête débute lorsque les *voladores* – hommes « volants » – rapportent en procession le mât auquel ils vont se suspendre. Avant de le planter, ils jettent dans le trou creusé des graines de maïs, le sang d'un poulet sacrifié et de l'eau-de-vie. Cette offrande aux dieux doit leur porter chance, tout comme la « ronde du pardon » qu'ils effectuent ensuite, la tête inclinée en signe de déférence, pour se purifier de leurs fautes.

Le chef du groupe grimpe jusqu'à la plate-forme d'où il lance des incantations vers le ciel, puis il joue de la flûte et du tambour et danse en l'honneur du Soleil. Les quatre hommes volants, retenus par des cordes, sautent alors dans le vide vers les quatre points cardinaux et descendent en tournoyant pour supplier leur dieu de la pluie. Le risque est grand pour ces danseurs de tomber ou de se cogner, aussi cette fête exige-t-elle une forte concentration de la part de chacun.

**Ces hommes effectuent une danse de repentance sur les marches du temple dédié à leur dieu, avant de se lancer dans le vide !**

# L'anniversaire du Bouddha au Népal

L'anniversaire du Bouddha donne lieu, dans tout le Népal, à de grands pèlerinages au cours desquels des statues de saints ou de sages personnages du bouddhisme sont promenées en procession et exposées dans les rues, comme ici, à Pathan, dans la région de Katmandou.

Certaines religions reconnaissent la valeur d'hommes exceptionnels, capables de les rapprocher de leur dieu. Ces hommes sages, qui ont vécu en harmonie avec les enseignements de leur religion, sont considérés comme des exemples. À leur mort, on conserve des objets leur ayant appartenu ainsi que leurs ossements ou leurs cendres. Ces reliques de saints sont réputées emplies d'une énergie positive et incitent les fidèles à faire de bonnes actions.

Au Népal, où l'on pense que Bouddha est né, au VIe siècle avant notre ère, les bouddhistes célèbrent, en même temps la naissance, l'éveil à la révélation divine aussi appelée « illumination », et la mort du fondateur du bouddhisme. Bouddha fut en effet un chef spirituel, qui enseigna à ses disciples comment méditer pour accéder au nirvana, la délivrance de l'âme.

À l'occasion de cette grande fête nommée « Buddha jayanti », les moines bouddhistes sortent en processions des temples, portant des reliques de Bouddha et des statues de ses disciples, qui sont ensuite exposées dans la ville. Selon les croyances bouddhiques, pour accumuler des mérites qui les aideront à atteindre le nirvana, les pèlerins doivent prier en tournant autour des lieux saints dédiés à Bouddha, faire des offrandes et réciter leur chapelet. À l'occasion, des danseurs vêtus de robes aux couleurs des cinq éléments, le feu, l'air, la terre, l'eau et l'éther, élément mystique qui symbolise la paix, exécutent une chorégraphie pour vénérer Bouddha.

*Jeune moine bouddhiste.*

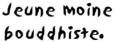

# Les danses sacrées des lamas dans l'Himalaya

Les danses des grands masques, effectuées par les lamas tibétains du monastère de Hémis, au Ladakh, en Inde, célèbrent l'arrivée de la religion bouddhiste au Tibet. Leur chorégraphie est réputée transmettre une énergie positive à la fois aux acteurs et aux spectateurs.

Au cours des fêtes religieuses, la musique et la danse jouent un rôle essentiel car elles aident les fidèles à s'isoler du monde extérieur, afin de pénétrer l'univers du divin et d'approcher les dieux.

Dans l'Antiquité grecque et romaine, c'étaient des femmes qui dansaient pour les dieux. Aujourd'hui, les chorégraphies liées aux religions sont interprétées par des moines, des chamans ou des guérisseurs.

Il existe une ancienne tradition de danses rituelles au Tibet, liée au bouddhisme. Ces danses sont exécutées par les lamas, moines bouddhistes, dans un but spirituel précis. Il s'agit d'aider le corps et l'esprit à se relaxer pour s'ouvrir à la méditation et à l'enseignement du bouddhisme. Les lamas alternent des figures acrobatiques et des gestes lents pour communiquer énergie et sérénité aux spectateurs et leur transmettre une part de divin.

Pour ceux qui l'exécutent, la danse rituelle s'intègre à leur méditation. Chaque moine s'identifie à une divinité à travers ses mouvements, son costume, la musique qu'il interprète et les prières qu'il récite. Les accessoires qu'il arbore illustrent aussi le caractère de cette divinité : un collier montre la générosité, des boucles d'oreilles la patience, des bracelets la moralité, une épée représente la sagesse et coupe les nœuds de l'ignorance.

À quelques détails près, ces danses suivent toutes le même déroulement. Elles ont lieu en public dans les cours des monastères transformés pour l'occasion en espaces sacrés. C'est une fête qui attire une foule énorme, souvent venue de loin.

La musique est essentielle dans les danses des lamas, surtout le son des trompes.

# Les danses du diable au Sri Lanka

Pour échapper au mauvais sort et à certaines maladies, partout dans le monde, les prêtres, guérisseurs, sorciers ou chamans, selon les religions, ont créé des fêtes qui tentent de chasser les démons. Les danses du diable, au Sri Lanka, utilisent des ogres, comme cet ours en fibres végétales.

Tous les dieux ont des ennemis : ce sont les esprits malfaisants, les mauvais génies, le diable, les démons ou Satan, selon la religion concernée. Ces démons sont censés pouvoir transmettre à l'homme des maladies que la médecine ne réussit pas à soigner. Dans de nombreuses cultures, par exemple, quelqu'un qui a des réactions imprévisibles est considéré comme possédé, c'est-à-dire habité par le diable. Il faut donc trouver un moyen de le guérir. C'est pourquoi les hommes ont mis en place des rituels appelés exorcisme, destinés à chasser le démon.

Au Sri Lanka, les fêtes qui permettent de faire sortir cette force malfaisante mettent en scène les *yakka*, des masques de démons-ogres. Ces danses du diable (*yakun natima*) se déroulent sur douze heures, en partie la nuit, à la lumière des torches et au son des tambours.

Le patient à soigner est assis au centre de l'assistance. Le guérisseur apparaît, caché derrière un masque aux yeux saillants, au nez proéminent et à la bouche ouverte. Des personnages masqués imitent les démons par des sauts incohérents jusqu'à ce qu'ils soient tués par le guérisseur. C'est cette représentation théâtrale de leur mort au cours de la cérémonie qui permet au malade de guérir, en faisant sortir le mal présent en lui.

Mais ces danses du diable se font plus rares aujourd'hui car le bouddhisme, auquel s'est convertie une grande partie de la population du Sri Lanka, a introduit une pratique d'exorcisme fondée uniquement sur la récitation de passages des écritures saintes.

Les sauts démesurés des démons-ogres imitent le diable pour l'expulser de l'homme possédé.

# CRÉDIT PHOTOGRAPHIQUE

Toutes les photographies sont de Charles et Josette Lénars et cet ouvrage est le résultat de leur collaboration amicale, depuis plusieurs années, avec Élisabeth Dumont-Le Cornec.

Imprimé en Belgique par Proost